Rhona Pipe

Jesus und seine Freunde

Mit Illustrationen von
Chris Masters

BRUNNEN VERLAG GIESSEN

Besuch im Stall

Die Geschichte von Jesus beginnt in einem Stall.
Dort wird Jesus geboren, weil Maria und Josef sonst
keine Unterkunft in Bethlehem gefunden haben.
Jesus bekommt viel Besuch: Noch in der ersten Nacht kommen Hirten,
die in der Nähe ihre Schafe hüten. Später kommen weise Männer
nach Bethlehem, die dem Kind wertvolle Geschenke bringen.

In dem Durcheinander sind die Geschenke der Weisen verloren gegangen. Wo sind die drei kleinen Säcke mit Gold, eine Schachtel mit Myrrhe und ein Krug mit herrlich duftendem Weihrauch geblieben?

Wie sich die Geschichte von der Geburt Jesu abgespielt hat, kannst du in der Bibel nachlesen: Matthäus 2, 1-12.

Aufregung um Jesus
Als Jesus zwölf Jahre alt ist, darf er mit Maria und Josef nach Jerusalem gehen. Auf dem Heimweg bemerken sie plötzlich, daß Jesus nicht bei ihnen ist. Sofort kehren sie um und suchen ihn überall. Erst nach drei Tagen finden sie ihn.

Jesus sitzt im Tempel bei den Schriftgelehrten und redet mit ihnen. Hast du ihn und seine Mutter schon entdeckt? (Wie die beiden aussehen, siehst du auf der Abbildung links.)

Diese Geschichte steht in Lukas 2, 41-50.

Die Hochzeitsfeier

Ganz schön peinlich! Bei der Hochzeitsfeier in Kana ist der Wein ausgegangen! Als Jesus von dem Mißgeschick erfährt, hilft er den Brautleuten: Er befiehlt den Dienern, mehrere große Steinkrüge mit Wasser zu füllen, und verwandelt den Inhalt in erstklassigen Wein.

Wo sind die sechs großen Wasserkrüge?

Die Geschichte von der fast mißlungenen Hochzeitsfeier steht in Johannes 2, 1-11.

Jesus betet

Schon früh am Morgen geht Jesus an einen ruhigen Platz, um zu beten. Seine Jünger machen sich auf die Suche nach ihm.

Kannst du ihnen sagen, wo Jesus hingegangen ist? Findest du auch das kleine Schaf, das sich verirrt hat?

Diese Begebenheit steht in Markus 1, 35-37.

Alle werden satt

Eine große Menschenmenge hört Jesus zu. Am Abend sind alle sehr hungrig. »Hier ist euer Abendbrot«, sagt Jesus und verteilt zwei kleine Fische und fünf Laib Brot an die Menschen. Kaum zu glauben: Alle Männer, Frauen und Kinder werden satt!

Findest du die zwei Fische und fünf Brote? Nach dem Abendessen sind sogar noch Reste übrig. Die Menschen sammeln sie in zwölf Körbe. Aber wo sind die Körbe?

Die Geschichte von dem ungewöhnlichen Abendessen steht in Markus 6, 30-43.

Jesus und die Kinder

Eines Tages kommen Mütter mit ihren Kindern zu Jesus.
Die Jünger schimpfen: »Geht weg! Jesus hat keine Zeit für kleine Kinder!«
Aber Jesus sagt: »Die Kinder sollen alle zu mir kommen.
Sie sind Gott näher, als ihr denkt.«

Findest du zehn Kinder, die von den Jüngern weggeschickt worden sind? Sie weinen laut, aber sie dürfen zurückkommen.

Die Geschichte von den Kindern steht in Markus 10, 13-16.

Ich kann sehen!

Bartimäus, der blinde Bettler, sitzt am Straßenrand und schreit: »Jesus, hilf mir!« Die Leute wollen ihn zum Schweigen bringen, damit Jesus nicht aufgehalten wird. Aber Jesus bleibt stehen und heilt den blinden Mann. Hocherfreut ruft Bartimäus: »Ich kann sehen! Ich sehe euch alle!«

Die Bettelschale, den Blindenstock und den schmutzigen alten Mantel braucht Bartimäus jetzt nicht mehr. Wo stecken seine Sachen?

Die Geschichte von Bartimäus steht in Lukas 18,35-43.

Der Mann auf dem Baum

Zachäus ist ziemlich klein. Darum klettert er auf einen Baum, als Jesus in die Stadt kommt. Dort hat er einen guten Überblick. Die anderen Leute können Zachäus nicht leiden, denn am Zoll nimmt er ihnen meist mehr Geld ab, als vorgeschrieben ist. Jesus sieht Zachäus in seinem Versteck. Er sagt: »Komm herunter, ich will dich heute besuchen.«

Auf welchem Baum sitzt Zachäus?
Findest du auch seine drei Geldsäcke?

Die Geschichte von Zachäus steht in Lukas 19,1-10.

Ein großer Empfang

Jesus reitet auf einem Esel in die Stadt Jerusalem ein. Viele Menschen stehen am Straßenrand und jubeln: »Da kommt unser König! Gelobt sei Gott!«

Die Feinde Jesu ärgern sich, weil Jesus so begeistert empfangen wird. Zehn Männer sehen besonders finster drein. Findest du sie?

Die Geschichte vom Einzug Jesu in Jerusalem steht in Lukas 19,28-40.

Titel der englischen Originalausgabe: Where is Jesus?

Aus dem Englischen von Lilli Schmidt
Lektorat: Eva-Maria Busch

Die Deutsche Bibliothek - CIP-Einheitsaufnahme

Jesus und seine Freunde :
ein Such-Bilder-Buch /
Rhona Pipe. Mit Ill. von Chris Masters.
[Aus dem Engl. von Lilli Schmidt]. -
Giessen : Brunnen-Verl., 1994
Einheitssacht.: Where is Jesus? <dt.>
ISBN 3-7655-6232-7
NE: Rhona, Pipe; Masters, Chris; EST

Hergestellt in Singapur

ISBN 3-7655-6232-7